Die
Erbschaft des Vereins.

Rede

über die

Aufgabe der Handwerkervereine,

gesprochen im Berliner Handwerker=Vereine
(Johannisstr. 4.)

von

Schmidt von Danzig.

Berlin.
Verlag von Veit und Comp.
1848.

Die
Erbschaft des Vereins.

Rede

über die

Aufgabe der Handwerkervereine,

gesprochen im Berliner Handwerker-Vereine
(Johannisstr. 4.)

von

Schmidt von Danzig.

Berlin.
Verlag von Veit und Comp.
1848.

Hoch erfreut bin ich, meine geehrten Freunde und Freundinnen, daß der Vortrag an diesem Neujahrsabende *) hier unter Ihnen grade mir zu Theil geworden ist: denn ich soll Ihnen eine frohe Botschaft verkündigen, welche in verflossener Nacht an mich gelangt ist. Dies aber erfordert einen genauen Bericht von den wunderbaren Dingen, die ich, wie die Botschaft kam, erlebt habe. Vernehmen Sie!

Es war gestern Abend um die eilfte Stunde, daß ich, mit der holden Dichtkunst beschäftigt, in meinem Zimmer mich allein befand. Etwas ermüdet, werfe ich mich auf das Sopha, im Liegen nachdenkend und zwischendrein dichterisch träumend. Die Lampe schimmert matt durch's

*) Des Jahres 1849.

Gemach und flackert, wie zum Verlöschen, hin und wieder auf. So umfängt mich ein leiser Schlummer, aus dem ich dann und wann auffahre, bald erweckt von Phantasiebildern, die mich im Traum umgaukeln, bald von muntern Klängen aufgeschreckt, die stoßweise von der Straße heraufschallen. Denn schon beginnt es da unten zu wogen und zu tosen von jauchzenden Menschen, welche, des großen Augenblickes voll, die zwölfte Stunde heranschreiten sehen und sie schon von ferne begrüßen.

Wie ich nun so daliege in jenem Zwielicht der Seele, wo Wachen, Schlafen und Träumen wie zu Einem Nebelduft in einander rinnen, däucht es mir, als ob von der Einen Ecke des Gemachs, mir schräg gegenüber, ein matter Schimmer ausstrahle — der leuchtet plötzlich hell auf — dann lodert's wie eine Lohe, die steigt und erlischt — dazwischen ein Sprühen wie von Funken oder aufblitzendem Metall, endlich ein ruhig milder, klarer Schein durch den ganzen Raum. Mehr verwundert wie erschreckt richte ich mich halb auf, und — was sehe ich? Wie! Ist es wirklich? Ist's ein Traum? —

Nein! Ich habe ja die Augen offen! Nein, nein! Das sehe ich ganz gewiß! — Hören Sie denn, meine Freunde, was ich sah!

Zwischen den hohen Epheuranken, welche meine Fensterbrüstung einfassen, auf einem mit bunten Blumen des Feldes und Gartens bestreuten Lager von der anmuthigen Form eines griechischen Tragbettes liegt ein Mann, dessen Gestalt höchst wundersam zu schauen ist, wie ich eine solche noch nie gesehen: denn er ist Greis, das bezeugt die Silberweiße des ehrwürdigen Bartes und der wallenden Locken des Haupthaars, und doch sind die Formen seines edeln blassen Antlitzes so anmuthig gerundet wie eines Jünglings. Ist ihm das Greisenthum über Nacht gekommen? Auch sieht er erschöpft, fast möchte man sagen leidend aus, und doch glänzen seine schönen Augen von einem sanften Feuer, dem man es ansieht, daß es unlängst noch Gluth gewesen — die ist wohl durch das Alter und die sichtbare Schwäche milder geworden. Aber eine heitere Ruhe ist über die ganze Gestalt ausgegossen, kein Schmerz entstellt sie, kein Weh durchzuckt sie auch nur leise.

Indem ich den Alten betrachte, ist mir, als banne mich ein Zauber, und wie er nun seine Augen mit langem Blicke auf mich ruhen läßt, ergreift mich jene schauerlich süße Spannung eines Knaben, dem der Hausfreund ein lang versprochenes Mährchen erzählen will. — Endlich öffnete er den Mund, und auf den Arm gestützt sprach er (seine Worte aber waren wie ein milder, lieblicher Strom, der nur selten, dann aber mächtig anschwillt) also zu mir:

„Ich sehe, du bist verwundert, mich hier „zu schauen, und begierig, zu wissen, wer ich „sei. So vernimm! Ich bin jenes Wesen von „nur zwölfmonatlichem Dasein, welches man „Achtzehnhundertundsiebenundvierzig nennt. Vor „zwölf Monden ein neugeborenes Kind, vor „sieben noch ein feuriger Jüngling, bin ich jetzt „schon ein Greis, und ein hinfälliger und ganz „erschöpfter, denn dies ist meines Sterbens „Stunde. Aber ich sterbe wie ohne Schmerz „so ohne Klage, denn meine Aufgabe: das „Menschengeschlecht eine Strecke weiter zu füh- „ren auf der dunkeln Bahn der Zukunft, es „erweckend durch den Alp der Sorge, es spor-

„nend durch die Noth, ihm vortragend den „Compaß des Gedankens, mit den Werkzeugen „der Wissenschaft es bewaffnend, das wegemüde „durch die Kunst erhebend und auf der Wei= „terreise durch die Liebe beseeligend, vorn und „zur Seite des Pfades ihm leuchtend mit der „Fackel der Einsicht, die Aufgabe habe ich voll= „bracht, und was ich von dieser Arbeit liegen „lassen muß, das nimmt mein Nachfolger auf, „dies bald geborene andere Kind meiner hohen „Mutter, der Zeit, und diesen meinen Nach= „folger im Amt wird man Achtzehnhundert= „undachtundvierzig heißen.

„So vernimm nun, warum ich in meiner „Todesstunde gerade zu dir gekommen bin. Das „ist geschehen, weil du ein Lehrer bist im Ver= „ein der Handwerker dieser Stadt, und weil du „ein der Rechte Kundiger bist. Denn diesen „Verein liebe ich vor vielen Pfleglingen, welche, „Erzeugnisse der Menschheit unter dem Walten „meiner Vorgänger, mir zur Sorge übergeben „worden. Ich liebe ihn, weil ich sehe, daß er, „wenn auch ein zartes, doch ein gesundes Reis „ist, welches, gepflanzt vom Gärtner Volk,

„triebkräftig in den felsigen Boden der Gegen-
„wart seine Wurzelfasern einfugt und lebens-
„frisch seine Blättchen entfaltet in kalten Win-
„den, um dereinst, unter der Obhut meiner
„Nachfolger, zu einem hohen, schattenreichen,
„Blüthen treibenden und Früchte tragenden
„Baume heranzuwachsen, unter dessen Schatten
„des Volkes Nachkommen in lichten Reihen
„seelig lagern werden. Und weil ich diesen
„Verein also im Herzen trage, will ich in
„dieser meiner Todesstunde, was ich Gutes und
„Schönes überkommen habe, ihm vermachen;
„und du als Rechtskundiger vernimm nun mei-
„nen letzten Willen und verkündige ihn als
„mein Zeuge und Bote den Vereinsgenossen
„baldigst. Merke also wohl, nicht bloß auf
„das, was ich vermache, sondern auch auf die
„Art der Verwendung, die ich für das Ver-
„machte bestimme, auf daß du Alles treulich
„ausrichten mögest.

„Da aber der Verein (und zu seinem Lobe
„sage ich das) nicht aus Handwerkern allein
„besteht, so sondere ich alle seine Genossen zu-
„nächst in **Männer** und Jünglinge und ver-

„mache jenen Bildsamkeit, Geistesfrische „und Thatkraft. Von diesen drei guten Gaben „sollen die beiden ersten den Männern dazu „helfen, daß sie nicht stehen bleiben, gebannt „und verrannt in den Ideen, so sie zu ihrer „Jugendzeit eingesogen haben, sondern daß sie „selber auch fortschreiten mit der fortschreiten„den Menschheit, welche die stehen Bleibenden, „wie männiglich bekannt, niederreißt und über„fluthet, also daß bloßer Stillstand sofort Rück„schritt wird. Mit Hilfe dieser meiner Ver„mächtnisse werden sie die Gedanken der Ge„genwart verstehen und das Streben der Ju„gend würdigen und, was sie als wahr und schön „in diesem Streben erprüft haben, zum Eigen„thum ihres Geistes machen, es verarbeitend und „umbildend. So wird der feurig schäumende „Most der Jugend sich in dem männlichen Geist „mit dem nöthigen Zusatz von Kraft und Gehalt „zum edeln Wein abklären. — Die Thatkraft „aber vermache ich den Männern des Vereins „als das Gut, durch welches sich die beiden „andern erst verwerthen, und dessen Verwen„dung ich dahin bestimme, daß sich die Männer

„in die Jünglinge einleben, gebend wie empfan„gend, und daß sie, während die Jugend träumt, „hofft, gährt und strebt, schaffen, ich meine, „das als wahr und recht Erkannte zur Wirk„lichkeit des Lebens machen. Denn der große „Wahlspruch „Vorwärts!" will kein Zierrath „in der Fahne, noch ein Schall in der Halle „des Vereins sein.

„Nebenbei vermache ich die Aengstlich„keit und die Beschränktheit jene den „Geldherren, welche in diesen schwierigen Zeit„läuften ihre Schätze möglichst hoch verwerthen „wollen, diese den glücklichen Marquesas-In„sulanern, denn die stehen noch außerhalb der „Geschichte.

„Den **Jünglingen** aber deines Vereins „gebe ich zum Vermächtniß Strebsamkeit, „Ernst und Besonnenheit. Die erste sollen „sie dazu verwenden, daß sie unablässig in sich „bauen und an sich bessern, ihren Geist berei„chern, ihren Charakter adeln; die zweite dazu, „daß sie den Sinn gerichtet halten auf die „großen Aufgaben der Menschheit, um danach „dem eigenen Leben die Aufgabe zu setzen;

„denn der Menschheit hilft, wer zunächst das „Eine Stück derselben, sich selbst, entwickelt. „Die Besonnenheit aber vermache ich ihnen „zu dem Zweck, daß sie wohl beachten, inner- „halb welcher Gesellschaft und welcher Zeit der „Verein steht, und daß er der sorgsamen und „umsichtigen Pflege viel bedarf, um seine Wur- „zeln naturgemäß verfestigen zu können in dem „Boden unter ihm. Denn sicher wächst, was „langsam wächst: die Eiche hat eine Jugend „von hundert Jahren, aber darnach ist sie der „Riese des Waldes. Und noch diesen Spruch „verkünde den guten Jünglingen von mir: wer „der zarten Pflanze des Volks das Schirmdach „wider die scharfen Nordwinde, die hier zu „Lande nicht selten wehen, wegzieht oder un- „tergräbt, derselbige frevelt am Volke.

„Die Vergnügungssucht aber vermache „ich den reichen Stutzern und Müssiggängern, „denn diese haben von solchem Stoff bereits „ein so überreiches Maaß, daß ihnen, was die „Jünglinge des Handwerkerstandes davon be- „sitzen, als Zugabe die Hohlheit des Gemüths

„und die Marter der Langenweile nicht noch ver„größern, ihnen also nicht mehr schaden kann.

„Die Schlafsucht endlich, von der Manche „der guten Jünglinge deines Vereins während „der Vorträge befallen werden (und die ich „ihnen der schweren Tagesarbeit wegen liebevoll „verzeihe) vermache ich den Grönländern, welche „dieselbe in ihrer unendlichen Winternacht von „sechs Monaten wohl verbrauchen können.

„Die Schlaffheit aber kann ich an Nie„mand weggeben, denn welches Menschenkind „(da jedes einen Zweck verfolgt) könnte die „gebrauchen? Die muß behalten wer sie hat.

„Mein Herz wendet sich jetzt zu den **Frauen** „des Vereins. Diesen vermache ich einen herr„lichen Schatz von lichtem Golde, und in heißem „Liebesdrange thue ich das; meine Geliebte aber „ist die Menschheit!“ (Bei diesen Worten bemerkte ich, wie seine bleiche Wange sich zart röthete und sein Auge sich schwärmerisch lebhaft auf einen mir unsichtbaren Gegenstand heftete; dabei ward seine ganze Gestalt wie von einem freudigen Zucken leise durchbebt.) „Ich ver„mache den Frauen ihre Kinder! Fürwahr,

„eine unversiegbar reiche Gabe! Denn es ist
„ein Feld voll junger Saaten der Menschheit,
„es ist ein Stück der Zukunft, welches ich ih=
„nen übergebe. Und damit sie nicht wähnen,
„ich hätte ihrer gespottet, weil ich ihnen gege=
„ben, was sie schon besäßen, so verkünde du
„ihnen deutlich, wie ich's meine: daß ich ihnen
„ihre Kinder vermache nicht als ein Gegenwär=
„tiges, sondern als ein Zukünftiges. Denn
„der Mensch hat nur das, wovon er weiß, daß
„er's hat. Besitzt den Diamant, wer nicht
„weiß, daß er in seinem Kiesel steckt? Annoch
„aber wissen nur wenige Mütter, in wie außer
„dem Verein, ihre Kinder als Keim der Ge=
„schichte des Menschengeschlechts, als solche,
„welche die Riesenarbeit der vorgewesenen Ge=
„schlechter erlernen und weiter führen und da=
„nach zu weiterer Vollendung den kommenden
„Geschlechtern übertragen sollen. — Indem ich
„so den Frauen des Vereins ihre Kinder als
„einen Stoff der Zukunft vergabe, mach' ich
„ihnen die Auflage, daß sie solch' theuern
„Schatz niemals, namentlich nicht in den Au=
„genblicken des Vergnügens, fremden Händen

„überlassen, sondern daß sie selber ihn stündlich „hegen und pflegen. Denn sie sollen, dies lege „ich ihnen weiter auf, ihre Kinder nähren mit „der Milch der reinen Grundsätze, ich meine „der Grundsätze der Wahrheit im Reden und „Thun, der werkthätigen Menschenliebe, und, „daß ich Vieles in Einem zusammenfasse, der „Aufopferung, welche der Dichter deines Volks, „der Seher der Zukunft, die erste und letzte „aller Tugenden nennt. Wahrlich! so Genährte „werden die Zukunft erfüllen! Und darum „mögen sie, die Frauen, sich selber auch stärken „mit dieser Milch und hoch halten den Verein, „wo solche Nahrung auch ihnen liebevoll ge„boten wird.

„Neben jenem Schatze vermach' ich den „Frauen einen segensreichen Zauber, die Häus„lichkeit, als das Mittel, die große Aufgabe „zu lösen, die ihre Kinder von ihnen fordern. „Dies Vermächtniß soll ihnen dazu dienen, daß „sie das Haus und die Familie als eine Welt „betrachten; und als eine solche, die, nach Raum „und Zahl klein und unscheinbar, ihrem In„halte nach unermeßlich reich und tief ist (denn

„ihr Inhalt ist die Erziehung des jungen Ge-„schlechts, die Beseeligung des groß gewordenen „zur That, der Friede und die Feier des Ge-„müths); und daß sie diese Welt als ihre „Welt betrachten, welche ihnen ein ununter-„brochenes Vollbringen von Gutem zur Pflicht „macht, von Schönem und Großem gestattet. „So werden sie kraft dieses Vermächtnisses als „die muthigen, ausdauernden, unerschütterlichen „Hüterinnen des heiligen Heerdes der Familie „walten, in reich erfülltem, wiewohl nicht schmer-„zenlosem Dasein. Denn den Sterblichen wird „ohne Schmerz kein Gehalt.

„Sonst aber vermache ich die Putzsucht „den Afrikanerinnen. Denn diese, noch ziem-„lich im Stande der Natur, können recht wohl „Manches von den Bändern, Spitzen, Kragen, „Krausen, und von all jenem bunten und „vergänglichen Tande brauchen, womit ich wäh-„rend meiner Herrschaft noch gar viele Frauen „der Handwerker umwallt, beflort und ver-„mummt gesehen habe, voll Verwunderung, wie „sie solch schweres, zinsenfressendes Capital an

„ihrem Leibe so leicht umhertragen mögen, und
„so wohlgemuth!

„In meiner fürsorgenden Liebe wende ich
„mich nun zu den **Jungfrauen** des Vereins.
„Diesen vermache ich einer jeden einen Mann,
„worunter ich verstehe ein durch die Hämmer
„des Geschicks wohl geschmiedetes, in den Käm-
„pfen des Lebens wohl erprobtes Wesen männ-
„lichen Geschlechts, welches durch geschickten
„und fleißigen Arm, durch geraden Sinn und
„lebensfrischen Muth befähigt ist, sich und den
„Seinigen Bahn zu brechen durch die Wildnisse
„der Gesellschaft.

„Die Gefallsucht aber vermache ich ge-
„wissen reizenden Operntänzerinnen. Zwar ist
„es meinem menschenfreundlichen Geiste fremd,
„Unwahres und Unreines, die Sinne Verfüh-
„rendes und das Herz Vergiftendes den Kin-
„dern der Menschen zuzuweisen, auch (und dies
„sage ich dir nochmals, damit du es deutlichst
„verkündest) ist es mein wie meiner Mutter,
„der Zeit, vom Geschick gesetzter Beruf, die
„Menschheit also zu führen, daß sie sich allge-
„mach, ihr selber unmerkbar, der in ihr liegen-

„den Idee immer gemäßer entwickele. Indessen „die Damen des Ballets, die ich meine, haben „ein so unfaßbares Uebermaß von dem Gegen- „stande dieses Vermächtnisses, daß der Zuwachs „aller der Gefallsucht, an welcher die Jung- „frauen des Kernes der Nation, des Arbeiter- „standes, annoch leiden, jene nicht um ein Ge- „ringstes mehr verderben kann.

„Jetzt habe ich die geistigen Personen in- „nerhalb des lieben Vereins, welche ihr **Gat- „ten** nennt, auch zu bedenken. Denn jedes „Ehepaar ist ja Eine Person. Diesen nun „vermache ich Liebe und Treue, oder viel- „mehr, es genügt schon an der letzteren: denn „die Treue ist die in jedem Augenblick fortge- „setzte Liebe. Daher die wunderreiche Kraft „dieses Vermächtnisses. Denn wenn in den „Flammen der bräutlichen Liebe die Herzen zum „ersten Mal an einander geschmolzen sind, wer- „den sie durch die ununterbrochene stille Nachgluth „dieser Flammen in einander verschmolzen, fort „und fort. Und mit den Gefühlen der so Ver- „flochtenen strömen (denn des Menschen Geist ist „ein untheilbarer) auch ihre Gedanken und

„Ueberzeugungen hin- und herüber, fort und „fort. Und doch wissen beide sich als Freie, „und eines Jeden Geist bleibt in seiner un„endlichen Entwickelung. So ist in jeglichem „Augenblick des Bundes die Einheit da, und „doch bleibt stets etwas übrig, was jene Nach„gluth, Treue genannt, zu verschmelzen hat. „Und mit dem Bewußtsein ihrer Einheit wächst „das Sicherheitsgefühl Beider im Kampfe des „Lebens, damit ihr Muth, mit dem Muthe ihre „Kraft. Wie halten sie Schild und Waffen „zusammen auf Schutz und Trutz! Das ist „Eine Welt und doch Jeder eine Welt für „sich: der Mann nach außen hin wirkend und „ringend, das Weib im Innern des Hauses „schaffend, erhaltend, ordnend. So Großes „wirkt die Treu'! —

„Hieneben will ich in diesem meinem letzten „Willen einige Denksprüche niederlegen, welche „du den Vereinsgenossen unverkürzt hinterbrin„gen magst, damit sie in deren Gedächtniß zur „Erinnerung an mich aufbewahrt bleiben. Dar„um merke dir genau die Verse, welche ich „jetzt sage; ich werde sie langsam sprechen:

„O Mensch, wie trügst du deine Qual,
„Wie bliebst du frisch im Ringen,
„Wenn heilende Arme der Liebe nicht
„Dich Schmerzenskind umfingen?
„Wenn nicht den Balsam von Lust und Scherz
„Sie haucht' in die heißen Wunden?
„Wenn nicht mit Zuspruch nahe dir
„Sie stünd' zu allen Stunden?
„Denn Lieb' und ihre Tochter Treu',
„Die halten wohl zusammen:
„Der kranken Menschheit Arzenei
„Kocht Treu' in der Mutter Flammen.
„Wohl brennt der Liebe scharf Geschoß,
„Durch Wunden führt's zum Heile,
„Weil Treu' in ihren Wundertrank
„Getaucht die spitzen Pfeile.
„Untreue Liebe ätzt das Weh
„Der Welt zu tausend Schmerzen:
„Ihr Feuer versengt, ihr Pfeil ist Gift,
„Das kocht im blutenden Herzen.
„So erhält im Bunde Lieb' und Treu'
„Der Menschen Geschlecht gesund und neu."

„Den braven **Meistern** des Vereins habe
„ich nicht Geringes zu vermachen: zunächst die

„Doppelgabe des Muthes und der Ausdauer, „und diese zu doppeltem Gebrauch: einmal, und „zwar den Muth, dazu, daß sie in dem Irr= „gebäude der Neuzeit mit der Inschrift: „schran= „„kenlose Gewerbefreiheit!“ in welches die eherne „Nothwendigkeit sie gesetzt hat, auf den dunkeln „und schlüpfrigen Pfaden am Rande von Ab= „gründen, nicht schwindlicht werden, sondern „mit kaltem Blut und umschauendem Auge Fuß „vor Fuß behutsam vorwärts setzen, und daß, „wenn sie ein haltbares Plätzchen gefunden, „hier, festgewurzelt am Boden, Stand halten, „unbeirrt von den Larven, die da zu ihren „Häupten und Seiten schwirren, um den Ste= „henden fortzuscheuchen zu neuen Pfaden des „Verderbens. Die Ausdauer aber sollen sie „als den Compaß brauchen, der sie zu solchen „bescheidenen Plätzchen zurecht führe. Denn „hier zeigen keine Sterne den Weg! — Ein „weiterer Gebrauch meiner beiden Gaben ist „aber der: Da in diesem wüsten Gebäude die „vom Geschick bestimmte Art des Fortkommens „die Concurrenz, zu deutsch: die Ueberbietung,

„oder, noch deutlicher, der Wettlauf auf Tod „und Leben ist, so soll Muth die würdigen „Meister durch die dichte Masse der keuchenden „Läufer und Dränger hindurch geleiten, Aus= „dauer aber das Rüstzeug sein, welches sie vor „dem Erdrückt= und Zerstampftwerden schütze.

„Weiter aber vermache ich den Meistern die „Innungen, diese bald nach dem Regierungs= „antritt meines Vorgängers Achtzehnhundert= „undfünfundvierzig durch die Gewerbeordnung „geborenen hoffnungsreichen und doch seit= „dem, jetzt während dreier Jahre Herrschaft, „ungesäugt gebliebenen Säuglinge, die noch „immer weder gehen noch lallen können, zwi= „schen Sein und Nichtsein ein traumartiges „Dasein unter den Menschen führend. Dies „mein Vermächtniß der Innungen lege ich aber „den Meistern deines Vereins mit Nachdruck „und Inbrunst an's Herz. Mögen durch sie „diese hülflosen Kleinen zu der reichen Ent= „wickelung geführt werden, deren sie fähig sind, „so daß dieselben dermaleinst als die leuchtenden „Kernpunkte dastehen, um welche eine neue

„Ordnung der arbeitenden Welt sich krystalli=
„sirt. Dies aber anzubahnen, das ist das Werk
„der Meister, ihnen, ihrer Einsicht, ihrer Hin=
„gebung, ihrem ausdauernden Muthe, ihrem
„Eifer für das Wohl des arbeitenden Theils
„der Nation und damit für das Glück des
„Menschengeschlechts sind die Innungen des
„Gesetzes anvertraut: diese werden zu der Höhe
„sich entwickeln, zu welcher der gute Wille der
„Meister sie entwickeln kann, und diesem ihrem
„großen Werke gebe ich meinen schönsten
„Segen.

„Die Gleichgültigkeit vermache ich aber
„den blasirten oder, mit deutschem Wort, den
„übersättigten Lebensmüden, ich meine, jenen
„unglücklichen Menschen der sogenannten höhe=
„ren Stände, welche in leiblichen oder geistigen
„Ausschweifungen oder in beiden zusammen
„den Becher der Genüsse so früh und so oft
„getrunken haben, daß sie, durch die Ueberfülle
„geistig siech geworden, an Natur, Menschheit,
„sich selbst Ekel empfinden. Solchen ist doch
„nicht mehr zu helfen: ihre Seelen sind aus=
„gebrannte Kohlen. Durch dies Vermächtniß

„will ich bewirken, daß die Meister die völker-
„und weltbewegenden Ideen mit Wärme und
„Selbstständigkeit in sich aufnehmen, zunächst
„aber, daß sie häufiger den Verein besuchen
„und an dessen Bestrebungen regeren Antheil
„nehmen, als bisher geschehen ist.

„Endlich aber vermache ich noch die Sucht
„nach Reichthum der in Frankreich herr-
„schenden Bürgerklasse: ich meine jene am Bo-
„den kriechende Habgier, welche gar Viele der
„Gewerbtreibenden dieser Zeit dazu bewegt, ei-
„nerseits durch allerhand Lügen und Aufschnei-
„dereien (als da sind: abenteuerliche Leinwand-
„Verkaufs-Anzeigen, National-Kleider-Magazin-
„Prahlereien), andererseits durch planmäßige
„Ueberlistung und Ausbeutung ihrer Gesellen,
„an Zinsen Zinschen auf langem Faden anzu-
„reihen. Denn in jenem Todeswettrennen der
„Concurrenz weiter zu kommen ohne eigene
„Erniedrigung oder bösliche Beschädigung der
„Vor- und Nebenmänner, das ist die schwierige
„aber auch die hohe Aufgabe, welche die Neu-
„zeit an die sittliche Kraft der Meister ge-
„stellt hat.

„Und nun wende ich mich zu den lieben „**Gesellen und Gehülfen!** Diesen meinem „Herzen Theuern, weil sie die Bürgen der Zu„kunft sind, hinterlasse ich edeler Güter viel. „Zuerst die Herbergen, einen Schatz von „schwerem Gehalt, aber mit der inhaltschweren „Auflage: daß die Vermächtnißnehmer die drei „unsaubern Geister der Spiel-, Trunk- und „Raufsucht, diese dem Volke Gift kochenden „Unholde, welche bisher in den Herbergen ihr „Lager aufgeschlagen haben, von dort mit der „Palme des Friedens und dem Zauberstabe der „Bruderliebe verbannen, und daß sie an die „Stätten der Fliehenden den Geist der lebens„frohen Geselligkeit, der hülfreichen Freundschaft, „des erhebenden Volksgesanges, kurz alle die „edeln Geister der heitern Schönheit und der „reinen Sitte, sie alle die Tröster, Reiniger, „Bildner des Volksthums, hinbeschwören. Als„dann werden die Herbergen hohe Feuerwarten „sein, in welchen die auf weiter deutscher „Erde verschlagenen Gesellenschaaren eine sichere „Freistätte finden: eine geistige Heimath, eine „Familie von Brüdern.

„Du siehst, daß ich hiemit den Gesellen „kein neues Werk auferlege, wohl aber die „Fortführung eines von ihnen unter meiner „Herrschaft begonnenen. Und mit welcher Be„geisterung haben sie es begonnen! — Zur „Sommerzeit war's. — Wie hat's mich be„wegt, als ich's sah! wie erquickt's mich, des„sen zu gedenken! Diese Erinnerung am Rande „des Lebens (denn wenige Minuten sind mir „noch übrig) wie erfrischend! Ha!" — — (Hier richtete er sich höher auf.) „Wie kann „ich scheiden ohne einen letzten schönsten Gruß „an euch, ihr wackern Jünglinge, die ihr dies „Werk angefangen und die ihr's bis jetzt fort„geführt habt?" (Hier erhob er die Stimme, seine Rede ward feierlich bewegt, liebeathmenden Nachdrucks, seine Augen leuchteten im heiligen Feuer der Begeisterung.) „O du getreue, „du herrliche Schaar! Dein Sieg scheint klein, „aber er ist groß wie einer Völkerschlacht, „denn was ihr gethan und annoch thut, das „wirkt weithin auf fernste Zukunft; denn von „innen heraus schafft ihr euer Volk um. O „ihr ruhmwürdigsten Jünglinge, Kränze der

„Ehre verdient ihr von euerm Volk, Bürger=„kronen! Namenlos seid ihr, aber der schönste „Kranz ist das Bewußtsein der schönen That. „Und das ist euer Segen, daß ihr rein um „der guten Sache willen wirkt, ihr ganz hin=„gegeben. Und die Frucht, die aus solchem „Thun keimt, sie wird euch werden. Ha! die „sehe ich schon! Die nebelgraue Zukunft öffnet „sich mir! Ja, einst werden die Herbergen „Sitze der Volkserziehung sein, alsdann wird „dies herrliche Metall des deutschen Volksgei=„stes zu dem edelsten Kunstwerk des Menschen=„geschlechts sich herausarbeiten! Darum noch=„mals meinen schönsten Gruß euch, Jünglinge, „die ich meine!"

Hier schwieg er eine kleine Weile, die Hand wie zum Segen bewegend und mit entflammtem Auge vor sich schauend, als ständen sie vor ihm, die er weihete. Alsbald fuhr er ruhiger so fort:

„Weiter vermache ich ihnen die Gesel=„lenladen, ich meine die vom Gesetz aner=„kannten Hülfs=, Sterbe= und Krankenkassen, „diese aber zu dem Zweck, daß die Gesellen

„mit mannhafter Selbstständigkeit endlich Statuten für die Verwaltung und Verwendung „der Gelder dieser Laden entwerfen und die „Vollziehung der Beschlüsse mit Ernst überwachen, damit fortan gesetzliche Regeln und nicht „die Willkür Einzelner bestimme, was dem gemeinen Wesen der Gesellenschaften ersprießlich sei. „Möge solch' nützliches und nothwendiges Werk „ihnen bald und wohl gelingen.

„Als ein Mittel aber zur Erfüllung dieser „Auflagen vermache ich ihnen Tapferkeit. „Denn es giebt ein Heldenthum auch außerhalb „der Schlacht, das ist die Ueberwindung und „Verläugnung des eigenen Selbst, ohne welche „einen neuen großen Lebensgrundsatz zum Siege „zu bringen dem Menschen nicht vergönnt ist. „Nicht minder groß aber als in der Schlacht zu „sterben ist es, mit dem Schlechten in und um „sich zu ringen.

„Und noch ein anderes Mittel gebe ich den „Jünglingen: die Zähigkeit. Ja, der bedürfen sie zumeist, der Zähigkeit im Guten, daß „sie die Durchführung des als recht und schön „Erkannten im häufigen Mißlingen von neuem

„und nochmals und wieder von neuem und „unablässig wieder versuchen.

„Doch ich füge noch Eine Bedingung mei„nen Vermächtnissen an die Gesellen hinzu: „ich verlange von ihnen die treufleißige Be„nutzung der Projectionszeichnenschule, „welche unter meiner Regierung in euerm Ver„ein unlängst gegründet ist. Mögen sie wohl „festhalten, daß diese Art des Zeichnens, welche „ihr Erfinder eine Sprache für alle Völker „genannt hat, das Denken der Formen und in „Formen, mithin die geistige Grundlage jegli„chen Handwerks, ja die handwerkliche Wissen„schaft ist. Denn das ist ja der schöne und „menschliche Beruf des Handwerkers, dem ro„hen Stoff die geistige Form zu geben.

„Merke dir auch gleich hierbei, daß ich die„ser eurer trefflichen jungen Schule das Ver„mächtniß einer gründlichen und doch leicht „faßlichen Vorschule der Mathematik „errichte; denn ohne diese kann das Projec„tionszeichnen selbst nicht wohl gedeihen.

„Den Kastengeist aber vermache ich den „weißen Bürgern der amerikanischen Sclaven-

„staaten und den wiedergeborenen Braminen der „Indier. Denn darin sind beide nun doch ein=„mal unverbesserlich, daß sie, jene ihre schwarzen „Sclaven, diese die Parias nicht als Menschen, „sondern als Wesen untermenschlicher Art und „Bildung mit menschenverachtender Wegwerfung „niederhalten. Ich will durch dies Vermächt=„niß bewirken, daß der Kastenhochmuth vieler „Gesellen wider die Lehrlinge aus den deutschen „Gauen verschwinde, und daß endlich jene be=„schränkte Ansicht aufhöre, als ob der Lehr=„ling im Augenblick seiner Lossprechung wie der „indische Priester als ein wiedergebornes, von „innen heraus umgeschaffenes Wesen höherer „Gattung zu erachten sei. Alsdann wird un=„ter der Herrschaft meiner Nachfolger überall „in den deutschen Werkstätten der Geselle der „treue Bruder des Lehrlings, sein herzlicher „Freund, sein Erzieher wie zur Tüchtigkeit im „Handwerk, so zu sittlich=festem Wandel wer=„den, und durch so gerechtes und schönes Thun „werden die bisherigen Lehrlingszwingherren „zu Wesen höherer Art wirklich wiedergeboren „werden.

„Sämmtlichen **Handwerksleuten** dei-
„nes Vereins, ihnen als dem Kerne desselben,
„vermache ich aber eine gemeinsame Gabe: den
„S t o l z."

Bei diesem Worte sah ich den Greis ver-
wundert und erschrocken an. Nachdem er eine
kleine Weile, wie aus Erschöpfung, denn im
Lauf der Rede war seine Stimme zwar im-
mer lebhafter, oft mit begeistertem Klange,
aber immer schwächer geworden, inne gehalten
hatte, fuhr er also in sichtbarer Bewegung fort:

„Ich kenne den Gedanken, welchen das Wort
„Stolz in dir hervorgerufen hat: Du glaubst,
„eine menschenfeindliche Idee habe mich beschli-
„chen. Ja, nochmals, ich vermache jenen Bra-
„ven den S t o l z; nicht das hochmüthige sich
„Erheben über Menschen von kleineren Glücks-
„gütern oder geringerer Bildung, sondern ich
„meine den Arbeiterstolz, der hervorgeht aus
„dem Bewußtsein, daß, weil der Boden und
„die rohen Naturerzeugnisse an sich nichts be-
„deuten und jener wie diese erst durch die Be-
„und Verarbeitung den Menschen Gebrauch und
„Genuß gewähren, die Arbeit es ist, welche

„einzig und allein alle Werthe schafft, daß da=
„her aller Reichthum und alle Pracht der Men=
„schen, und damit alle Macht und Herrschaft
„der geschichtlichen Völker nur von der Arbeit
„stammt; daß aber wieder von den Ackerbauern
„und den übrigen Arbeitern, welche die Er=
„zeugnisse bloß der Erde entlocken, der Hand=
„werker sich dadurch unterscheidet, daß erst er
„diese rohen Stoffe zu einer menschlichen Form
„gestaltet, indem er ihnen den Stempel seines
„Geistes aufdrückt. Und dies Selbstbewußtsein
„des Arbeiters überhaupt wie des Handwerkers
„insbesondere, das ist jener wohl gegründete
„und edle Stolz, welchen ich den Handwerkern
„des Vereins vermache, und der bewirken soll,
„daß sie fortan sich nicht mehr schämen, Ar=
„beiter zu sein und sich nicht scheuen, als sol=
„che überall mit Selbstgefühl aufzutreten, daß
„sie daher aufhören, durch stutzerhafte Kleider,
„modische Manieren und theure Vergnügungen
„jenen Ständen nachzuäffen, welche man als
„die höheren zu bezeichnen pflegt; daß sie also
„fortan nicht den Schein für das Sein wäh=
„len, nicht die Schaale für den Kern.

„Zu diesem Vermächtnisse füge ich die Auf=
„lage, daß Meister und Gesellen zu der näch=
„sten Weihnachts = Gewerbe = Ausstellung
„des Vereins neben den herrlich prangenden und
„allerkostbarsten Meisterstücken, durch die sie bis=
„her den Ernst ihres Strebens vor den Bür=
„gern dieser Stadt so ruhmwürdig entfaltet
„haben, hauptsächlich wohlfeile Geräthschaften
„des gewöhnlichsten Gebrauchs, aber in man=
„nigfach ersonnenen künstlerisch = schönen For=
„men arbeiten sollen. Denn das ist das Ziel
„des Handwerks, sich zur Kunst zu erheben.
„Dadurch aber, daß alle Dinge in und außer
„dem Hause mit der Form der Schönheit be=
„prägt sind, wird der Sinn der Schönheit in
„den Massen lebendig; der aber adelt den Geist
„des Volks.

„Auch den **Dichtern** deines Vereins habe
„ich etwas zu vergaben, das ist: tiefes Gefühl
„und reiche Phantasie. Diese beiden herrli=
„chen Kleinode sollen sie dazu anwenden, daß
„sie in ihren Gedichten, Sommers auf den Land=
„fahrten, Winters in den Sonntagsabend=Ver=
„gnügungen des Vereins, die Ideen, welche die

„Menschheit bewegen und erheben, verkörpert „darstellen, daß sie die Leiden und Freuden des „Handwerkerstandes, seine Vergangenheit und seine „Zukunft in lebendigen Gestalten dem Hörer vor- „führen, daß sie die in euerm Verein anerkann- „ten Bestrebungen als die Ideale bezeichnen, an „deren Erreichung jeder von euch täglich zu „arbeiten habe, weil durch diese Arbeit jeder „sein eigenstes Wesen: die in ihm ruhende „reine Menschlichkeit, darstelle, gestalte, entwi- „ckele, mithin sich selbst befriedige. So wer- „den eure Dichter dem Leben des Vereins, „und, durch diesen allmählig selbst nach außen „wirkend, dem des Handwerkerstandes überhaupt „den Stempel der Schönheit aufdrücken.

„Dazu vermache ich ihnen noch als Beigabe „den Dichterbund, dem unter meiner Herr- „schaft geborenen, zu ihrer herzinniglichen, brü- „derlichen Einlebung unter und durch einander, „wobei ich verordne, daß das Uebelnehmen „treffender Beurtheilung der in diesem Bunde „vorgelegten Gedichte den empfindlichen alten „Jungfern übermacht werden soll.

„Neben dem Dichterbunde will ich nur

„gleich das ihm verwandte **Sängerchor** dei„nes Vereins bedenken. Diesem brauche ich „die Pflege des Kunstgesanges, zu dem es eine „besondere Neigung hat, und durch den es be„reits bildend für den Verein geworden ist, „nicht noch besonders zu vermachen, wohl aber „die Pflege des Volksgesanges. Durch diese „wird das wackere Chor nicht nur die alten rüh„renden, tiefen, heitern und ächt dichterischen „Volkslieder wieder heimisch machen bei dem „heutigen Geschlecht, sondern auch den neuen „Liedern des unter meiner Herrschaft zu euerm „Stiftungsfeste von euch selbst herausgegebe„nen Vereinsliederbuchs und mit diesen Lie„dern den in ihnen verkörperten Ideen Eingang „verschaffen zu den Ohren und Herzen des „deutschen Volks. Denn Lieder sind gleich den „Blüthenstäubchen, welche des Windes Hauch „verpflanzt in das fernste Erdreich. Der Hauch, „das ist der Gesang, das Erdreich aber, das „sind die empfänglichen Gemüther."

„Ich wende mich jetzt zu den **Zuhörern** „der Lehrvorträge im Verein. Für sie Alle, „welch Alters, Geschlechts, Berufs sie sein

„mögen, habe ich zwei allerkostbarste Gaben: die „der Geistesthätigkeit und die der Selbst„ständigkeit des Denkens, welche beide sie zu „dem Zwecke verwenden sollen, daß sie die ver„nommene Lehre nicht bloß hören und hinneh„men, sondern sie in Fleisch und Blut ihres „eigenen Geistes umwandeln. Alsdann wird „ein unter meiner Herrschaft schön begonnenes, „aber leider wieder zurück gelegtes Werk mit „neuem Eifer unter meinem Nachfolger in Ar„beit genommen werden: ich meine die Auf„sätze, welche von Mitgliedern über Gegenstände „des Vortrags dem Lehrer zur Mittheilung „an die Versammlung überreicht worden sind. „Mögen die strebsamen Zuhörer wohl beachten, „daß sie durch solche Aufsätze auf die Vereins„genossen bildend einwirken, indem sie sich sel„ber bilden, ja daß es kaum ein wirksameres „Entwickelungsmittel giebt als dieses. Mögen „sie auch dessen eingedenk sein, daß es jedes „Mitgliedes Pflicht ist, mit Anstrengung und „Aufopferung für die Entwickelung der Ge„sammtheit zu wirken, und daß dies in Prosa „nicht minder geschehen kann, wie es bisher in

„Versen durch die Dichter so anerkennenswerth „geschehen ist.

„Es versteht sich, daß ich nun auch die „**Lehrer** meines geliebten Vereins bedenke. „Ihnen zusammen vermache ich Einigkeit in „dem Verständniß der schönen und großen Auf- „gabe, die ihnen im Verein durch ein gütiges „Geschick geworden, Standhaftigkeit in der „Durchführung dieser Aufgabe, und das hochherr- „liche Gut der Wahrhaftigkeit, welche ist „das unablässige Ringen nach Erkenntniß der „Wahrheit und die Treue wider das Erkannte. „Die Wahrheit aber kann ich ihnen nicht hin- „terlassen, denn die wird von der Menschheit, „die ewige Reihe meiner Nachfolger hindurch, „nicht erreicht, weil unendlich die Welt ist und „beschränkt der Mensch, gebannt in den Fesseln „der Nothwendigkeit. Und doch gehört er, das „räthselhafte, doppellebige Wesen, zugleich dem „Reiche der Freiheit an, mit den Füßen auf „der Erde, mit dem Haupte zwischen den Ster- „nen. So ist er, bei unerreichbarem Ziel, in „der steten Annäherung zum Ziel: in der stu- „fenweisen Erkenntniß der Wahrheit; und auf

„diesem Wunderpfade zwischen Schmerz und „Jubel, Erbangen und Siegestaumel sind wir „seine Führer: die Zeit, ich, ihr Kind, bin's „gewesen, die ewige Reihe meiner Nachfolger „wird es sein.

„Hienach vermache ich die Schulfuchserei „und die Eitelkeit jene den Fibellehrern, diese „den durch Schmeicheleien verzogenen jungen „Dämchen. Denn Lehrer des Volks nenne ich „die demüthigen Diener des Geistes der Mensch„heit, sie die endlichen des unendlichen, deren „Amt nichts ist als Ausübung der Pflicht: „das vom Gesammtgeist der Menschheit, der „vergangenen und der gegenwärtigen, Empfan„gene, so viel dessen der beschränkte Einzelne „zu empfangen vermag, mit der Eigenthümlich„keit ihrer endlichen Sondergeister verarbeitet, „der Geberin Menschheit wieder zu geben als „einen der Staubtropfen, deren Gesammtheit „jenen fortrollenden ungeheuern Strom bildet, „welchen ihr die Entwickelung des Menschen„geschlechts oder den Fortschritt nennt."

Nach diesen Worten wurde der Greis sichtlich schwächer, seine Gestalt begann zusammenzusinken, seine Wangen überzog eine kalkige Blässe, aber die Augen glänzten hoffnungsstrahlend wie bisher. Nach einem kurzen Schweigen erhob er mit bebender Brust das zur Seite gesunkene Haupt, dann sprach er leise mit untermischten Pausen Folgendes:

„Meines Scheidens Zeit ist ganz nahe — in „meinen Adern, ich fühl' es, rinnt der Tod —. „So ist es nun hohe Zeit, nachdem ich, wie du „vernommen, an die einzelnen Rotten und „Schichten des Vereins meine Vermächtnisse „ausgetheilt habe, den **Verein** als ein Gan„zes zu meinem Gesammterben einzusetzen. Die „Erbschaft aber, die ich ihm hinterlasse, besteht „aus drei Hauptmassen: der Einsicht, der Sitt„lichkeit, der Menschenliebe.

„Obenan nenne ich die Einsicht, denn sie „umschließt einmal das Wissen, ich meine die „Kenntniß sowohl der Naturkräfte wie der „Ideen, welche die Menschheit wesentlich be„stimmt haben und noch bestimmen. Denn Al„les, was von den Menschen je geschaffen ist „in Frieden und Krieg: Kirchen- und Staats„verfassungen, Einrichtungen der bürgerlichen

„Gesellschaft, Gerichte und Rechte, Handel und „Gewerbe, das Alles ist Geburt des Gedankens, Verkörperung von Ideen. Nicht also „wer nur die reiche Außenseite dieser allermannigfaltigsten Erscheinungen, sondern nur wer „ihren Kern: die leitenden Ideen, die bestimmenden Grundsätze erkannt hat, weiß. Aber „ein solches Wissen an sich ist selbst nur eine „Aufspeicherung geistiger Reichthümer; die Einsicht umschließt noch ein Zweites: das Hineinarbeiten und Einbilden des Erlernten in „die Eigenthümlichkeit des Geistes des Lernenden, was nur durch das Nachdenken geschehen kann. Denn nur so viel Speise, als „er verdauen kann, wird dem Menschen Nahrung, und nur so viel Gewußtes wird sein „geistiges Eigenthum, als er mit seinem Geiste „zu verschmelzen vermag. Nicht Jeder verträgt „Alles. Die geistige Verdauung aber, das ist „das Nachdenken. Nur hiedurch werden jene „Wissensschätze nutzbare, fähig ins Leben umgesetzt zu werden, nur hiedurch wird die geistige „Bildung des Volks zu einer Kraft des Volks.

„Diese Kraft wird aber Macht durch mei-

„ner Erbschaft andern Theil, die Sittlichkeit.
„Hiemit meine ich jene Seelenthätigkeit, mittelst
„deren der Mensch die durch Lehre und Nach=
„denken errungene Einsicht sich zur Ueberzeu=
„gung verfestigt, seine Ueberzeugungen aber zur
„Wirklichkeit gestaltet, das heißt, zur That
„macht. So ist die That das Hervorbringen,
„das Schaffen. Das Schaffen aber ist die
„Spitze des Menschenthums. Da jedoch der
„Mensch nur in Bezug auf Andere und mit
„Andern handelnd wird, so kann ein Ge=
„danke nur durch das Zusammenwirken mehre=
„rer von ihm Durchdrungener verwirklicht wer=
„den, also nur in der Gemeinschaft und durch
„sie, mag diese als Familie sich gestalten, oder
„als Innung und Gemeinde, oder als Staat
„und Kirche, oder als ein Verein gleich dem,
„den ich jetzt zu meinem Erben einsetze. Und
„so enthält die Sittlichkeit dies Weitere, daß
„der Einzelne sich der Gemeinschaft, welcher er
„angehört, hingiebt mit Leib und Seele, und
„daß er dies thut mit Lust und Freudigkeit,
„was nur so möglich wird, daß er es in Frei=
„heit thut, ich meine aus der Einsicht heraus,

„daß je vollständiger er sich hingiebt, desto mehr
„zur Verwirklichung seiner eigenen Ueberzeu=
„gungen er beitrage, desto mehr also er seine
„eigene Natur erfülle. So wird die Hingabe
„des eigenen Selbst an die Gemeinschaft oder
„der Kampf des Einzelmenschen gegen seine ei=
„genen, dem Allgemeinen widerstreitenden be=
„sonderen Neigungen, Triebe, Gelüste, ein Ge=
„nuß. Diese Gemeinsamkeit der Idee, des Han=
„delns und der Hingebung verschmelzt die Ein=
„zelnen zu einer geistigen Einheit, und erst
„durch diese wird die Gemeinschaft zu einem
„sittlichen Ganzen, in welchem die Eigenthüm=
„lichkeit eines Jeden nicht vernichtet wird, son=
„dern aufgeht, so daß je stärker diese, desto rei=
„cher jenes. Ein solches sittliches Ganze wirkt
„aber befruchtend, entfaltend, erhebend, beseeli=
„gend auf die Sondergeister seiner Angehörigen
„zurück, und deren hiedurch also erhöhete Kraft
„strömt wiederum dem Ganzen zu. In diesem
„unablässigen Wechsel=Schlag und Rückschlag
„der Besonderheit auf das Ganze, des Ganzen
„auf die Besonderheit, so daß in jedem Au=
„genblick jenes wie diese zugleich giebt und

„empfängt, besteht allein das volle menschliche „Dasein, in ihm allein auch liegt die Lösung „jenes ungeheuern Widerspruchs in eurer menschlichen Natur (der Quelle all' eurer Qualen „und Kämpfe), des Widerspruchs der Besonderheit und der Allgemeinheit. Denn der „Menschheit großes Ziel ist dies: daß der Einzelne mit Selbstbestimmung sich dem Ganzen „hingebe und in diesem seine Besonderheit nicht „aufgebe, sondern befriedige, oder, um es kurz „zu sagen, daß Jeder das Gesetz in sich selber „trage. — Und weil ich in dieser Zeit der „Zersplitterung und Zersetzung deinen Verein „als einen neuen Keim zu dieser großen Entwickelung gefunden habe, darum liebe ich ihn, „darum mache ich ihn zu meinem Erben.

„Welche Fülle von Einzelgaben hienach in „diesem meinem Erbgut der Sittlichkeit euch „umschlossen sind, das geht aus ihr selber hervor. „Doch will ich einige aufzählen — denn dem „in's Grab der Vergangenheit Sinkenden ist es „süß, die Zukunft sich vorzubilden.

„Ich nenne zuerst für deinen Verein als „ein Ganzes die hochedele Gabe der Eintracht,

„welche eben nichts anderes ist, als das in euch „Einzelnen allen so lebendige Bewußtsein eurer „Einheit, daß ihr dieselbe in der Außenwelt, „sichtlich und sinnlich, durch die That, darstellt „überall da, wo ihr als Genossen des Vereins „zu handeln Pflicht und Gelegenheit habt. In „einem solchen einheitlichen Thun liegt das „Wunderwerk, daß ihr Alle mit euern reichen „Besonderheiten in die Eine Spitze des Ver= „einszweckes auslauft. Durch ein solches Thun „wird also der Verein gleich Einer Person. Da= „her bedingt die Eintracht die Thatkraft des „Vereins, und so ruht in ihr seine Stärke „nach innen wie nach außen. Mit dem Wahl= „spruch: „Durch Eintracht wachsen kleine „„Dinge!" sind kleine Völkchen mächtig ge= „worden in dem Menschengeschlecht. Aehnlich „diesen hat dein Verein der Eintracht schönes „Sinnbild, das verschlungene Händepaar, zu „seinem Wappen und Siegel sich gesetzt. Möge „er damit mächtig werden für die gute Sache „der Menschheit!

„Für die Vereinsgenossen als Einzelne um= „schließt aber das Erbgut der Sittlichkeit die

„drei besondern Güter der Wahrheit, der „Charakterstärke und der Gesinnungstüchtigkeit.

„Mit der ersteren meine ich nicht jene Wahr-„heit der Idee, von der ich zuvor gesagt, daß „die Menschheit sie nie erreiche; ich meine da-„mit die Uebereinstimmung der Rede und That „des Einzelmenschen mit seiner Ueberzeugung, „eine Uebereinstimmung, welche innerhalb dieser „Welt der Aufschneiderei und Lüge unablässig „von ihm geübt, allem seinem verschiedenartig-„sten Thun, also seinem ganzen Leben, einen „Einklang giebt gleich dem eines rein gestimm-„ten und voll besetzten Männer-Viergesanges.

„Wenn aber der Mensch die Grundsätze des „sittlichen Ganzen, dem er angehört, mit seiner „Eigenthümlichkeit also selbstständig verschmol-„zen hat, daß sie in ihm lebendig sind wie ein „angeborener Theil von ihm selber, als von „innen heraus quellende, nicht von außen ihm „aufgelegte Ueberzeugungen, und wenn nun seine „Handlungsweise das Leben hindurch, weil sie „auf jenen Grundsätzen und diesen Ueberzeugun-„gen ruht, zu einer folgerichtigen und einheit-„lichen wird, so nimmt sein Geist gleich einem

„körperlichen Wesen eine bestimmte Gestalt und „Form an, ein solcher Mensch bekommt ein „geistiges Gepräge oder, wie ihr das nennt, „Charakter. Hieraus wird ihm Vertrauen „im Verkehr der Menschen: Alle wissen nun, „wessen sie von einem Solchen gewärtig sein „dürfen; hieraus auch wird ihm die Sicherheit „und Festigkeit des Handelns im einzelnen Fall, „so daß wie die Kraft und Macht des Vereins „in der Eintracht, also die der Einzelnen im „Charakter liegt.

„Aber zauberisch, einer Naturkraft gleich, „ist die Gewalt eines sittlichen Ganzen über „die Einzelnen: durch seine Anstalten, die gleich „Gliedern eines Leibes dieselbe Idee nach be„sondern Seiten darstellen, durch den Einklang „so vieler Geister, die alle Ein Wesentliches „denken und wollen, also durch die still wir„kende Erziehung, die das Ganze allen Genos„sen durch alle ertheilt, werden die Geister des „Einzelnen von den Grundsätzen des Ganzen „so umsponnen, getränkt, durchdrungen und „zersetzt, daß allmählig diese Grundsätze zur „That zu machen Gewohnheit, zuletzt Trieb

„wird. In dieser Haltung und Stimmung des „Geistes, ihr nennt sie die Gesinnung, liegt „die Einheit der Allgemeinheit und Besonder- „heit, sie ist daher der Spitzpunct der Sitt- „lichkeit; sie ist es, die den Menschen bereit „hält, für die Idee das Höchste, was er hat, „sein Leben, hinzugeben.

„Während sonach dem Erbtheil des Wissens „und der Einsicht die Mitglieder des Vereins, „wenn auch als Alle, doch noch als Verein- „zelte und Abgesonderte gegenüber stehen, ver- „mag das Erbgut der Sittlichkeit ihnen nur „als Theilen eines geistigen Ganzen zu wer- „den: weshalb, wenn der Verein meine Erb- „schaft annimmt, die Wirkung für Jeden von „euch die sein wird, daß er selber seines Da- „seins als eines erhöheten und veredelten sich „bewußt wird, eben weil er sich als wesentli- „ches Stück eines Ganzen, namentlich und zu- „nächst als Stück des Vereins (weiter auch der „Familie, der Innung, der Gemeinde, seines „Volkes) und von hieraus als ein auf die „Fortentwickelung der Menschheit Einwirkendes „weiß. Er wird daher Alles, was er thut,

„mit Bezug auf das Ganze thun, und er wird
„Alles nur der Sache, nicht anderer außer=
„halb liegender Zwecke wegen thun; er wird
„sich vertiefen in der Sache. „Im kleinsten
„„Puncte die höchste Kraft!" das wird sei=
„nes Lebens Wahlspruch sein. Daher wird er
„an sich als dem allerkleinsten Puncte, dem
„Tröpfchen im Meere der Menschheit, zunächst
„arbeiten, wissend, daß die Veredelung seines
„Geistes, die Steigerung seiner Kräfte dem
„Verein (oder welch sittliches Ganze es sonst
„sein mag) und durch ihn der Menschheit zu
„Gute kommt. So wird's den Handwerker drän=
„gen, die errungenen Einsichten und Kenntnisse
„für sein Gewerbe, durch Verbesserungen, Ver=
„schönerungen, vielfältigste Erfindungen, er=
„giebig zu machen nicht bloß seines eigenen
„Besten wegen, sondern auch in dem Sinne,
„daß er durch alles dieses zugleich das Beste
„seiner Mitbrüder, seines Volkes, fördert; in
„diesem Sinne wird überhaupt Jeder in sei=
„nem Geschäftskreise die höchste Thätigkeit, Um=
„sicht, Betriebsamkeit entwickeln; es wird, daß
„ich's kurz sage, an die Stelle des Selbstsinns

„der Gemeinsinn treten. Die Folgen hievon „werden eben so schön als groß sein; schön: „denn jeder so gestimmte Handwerker wird im „Staube der Werkstatt, vor dem Feuer der „Esse, durch den adelnden Schwung der Idee „sich erhoben fühlen; groß: denn also entwi„ckelte Menschen, mit solchen Kräften und von „solcher Gesinnung, die sind die Macht der „Nationen. Darum wiederhole ich, und du „wiederhole es den Genossen, denn diesem in „lauter Einzelne gleich Staubtheilchen zersprеng„ten Geschlecht kann's nicht oft genug gesagt „werden: Jeder nützt, indem er der Menschheit „nützt, sich selbst; sich ihr hingebend hat er sich „um so mehr; diese Hingabe ist nur eine Schein„aufopferung, er gewinnt dadurch, denn er be„friedigt sich. Und umgekehrt: Jeder in Ge„meingeist für sich selbst Arbeitende arbeitet für „die Gesammtentwickelung der Menschheit, greift „ein in das Rad der Geschichte. Durch jene „Hingabe und diese Gesinnung erhält der Ein„zelmensch, wie seinen Trost im höchsten per„sönlichen Mißgeschick, so seinen Werth oder, wie „eure Sprache das schön bezeichnet, seinen Gehalt.

„Noch Einiges verkünde dann dem Verein „von meiner Erbschaft drittem Stück, der Men„schenliebe. Denn neben dem Denken und „der That ist der menschlichen Natur ein We„sentliches das Gefühl und Gemüth. Dem „reinen Gefühl droht aber eine doppelte Ge„fahr: einerseits die, in der Familie sich ab„schließend zu verdumpfen. Hiewider gebe ich „euch die Erbschaft der Menschenliebe. Denn „ich will, daß sich das Gefühl aller Vereins„genossen erweitere zunächst zur Brüderlichkeit „unter ihnen selbst, so daß ihr, weil ihr Men„schen seid, Wesen derselben Art, was in Freud' „und Leid den Einen bewegt, Jeder mitfühle, „Jeder erfreut durch den Druck der gegebenen „Rechte, Jeder beglückt, wenn das Auge des „Andern freundlich in das seine schaut, nicht fra„gend, ob das die Hand des Gesellen oder des „Gelehrten, ob das der Blick des Künstlers oder „des Meisters sei, so daß die Mitglieder aller „Stände, Beschäftigungen, Meinungen und Re„ligionen in euerm Verein zu Einem mensch„lich-schönen Ganzen zusammenschmelzen und „wahr werde eures Liedes Spruch:

„Die Stände sind gefallen,
„Der Bruder blieb zurück.

„Von solch einer Bruderliebe, die ich bei sehr „Vielen, aber noch lange nicht bei Allen eures „Vereins gefunden, ist nur noch Ein Schritt „zur Menschenliebe, welche eure Herzen allem, „was in einer Ecke des Erdballs menschliche „Wesen, seien sie von schwarzer, rother oder „weißer Farbe, zu Weh und Lust ergreift, in „Weh und Lust nachzittern läßt, nach dem „Spruch:

„Ich bin ein Mensch; drum acht' ich
„Nichts Menschliches mir fremd!

„Die zweite Gefahr aber, welche dem bloßen „Gefühl als solchem droht, ist die, in hohle „Schwärmerei sich zu verlieren und entweder „zu einer Gemüthsfaselei ohne Inhalt und Zweck, „zu einer Liebesverschwendung ohne Gewinn „für die Menschheit sich abzuschwächen, oder „von Einer ausschließlichen Idee erfüllt, sich „zu einer blinden Wuth zu steigern, welche „man Fanatismus nennt; die aber zerstört „und verwüstet den Volksgeist, statt ihn aufzu„bauen. Wider solche Gefahr wird euch dies

„schützen, daß ich das Erbgut der Menschenliebe „neben dem der Einsicht und Sittlichkeit euch „hinterlassen habe. Denn die Ideen, welche „euch durch die Einsicht ins Bewußtsein, durch „die Sittlichkeit zur Uebung kommen, diese „Ideen werden der rechte und schöne Inhalt „und Gegenstand eurer Liebe werden, sie wer„den der reiche und reine Stoff eurer Gefühle „sein, durch sie wird euer Gemüth die wür„dige und hohe Richtung erhalten. Durch die „Einsicht und durch die Sittlichkeit werdet ihr „wissen, was ihr zu lieben habt und was zu „hassen, aber auch, wie zu lieben und wie zu „hassen.

„Aber umgekehrt, bedarf auch das Erbgut „der Einsicht und der Sittlichkeit, wenn es bei „euch nachhaltig gedeihen soll, der Menschen„liebe als des edeln Gährungsstoffs, der einen „Jeglichen von euch zum Wissen und zur That „treibt, so daß Jeder sich mit Kenntnissen und „Ideen bereichert nicht aus selbstsüchtigem Zweck, „sondern aus Liebe zur Menschheit, von der er „sich als einen Theil weiß, so daß Jeder auf„geht in einem sittlichen Ganzen, nicht um in

„demselben sich zu verlieren, sondern um durch
„dasselbe die Menschheit zu fördern.

„Jene drei Erbgüter entsprechen aber den
„drei Seiten deines Vereins. Denn dieser ist
„zunächst und wesentlich Lehranstalt, indem er
„seinen Angehörigen sowohl in den versäum=
„ten, aber zum Fortkommen und Geschäftsbe=
„triebe nothwendigen Grundkenntnissen, als auch
„in einer Menge der wichtigsten Wissenschaften
„Unterricht und Lehre ertheilt, eine Hochschule
„des Volks. Aber er ist keine bloße Schule,
„er ist, nach seinem Gesetz und Herkommen,
„wesentlich auch eine Bildungsanstalt, da die
„Grundsätze und Ideen, welche man in ihm
„lehrt, in ihrem Bezug auf das Leben und zu
„ihrer unmittelbaren Anwendung im Leben ge=
„lehrt werden, und da man in ihm nicht bloß
„vorträgt, sondern auch durch engere wie durch
„allgemeine Besprechungen das Selbstdenken und
„das Selbstreden (das ist aber schon eine halbe
„That) der Mitglieder entwickelt und sie hie=
„durch zum öffentlichen Auftreten gewöhnt, vor=
„nehmlich aber da der Verein selbst ein geglie=
„dertes sittliches Ganze bildet, welches die volle

„Hingebung jedes Einzelnen für sich in An-
„spruch nimmt und Alle gewöhnt, die, inner-
„halb seiner, gelehrten Lebensgrundsätze auch
„innerhalb des Vereinslebens zur That zu ma-
„chen. Und noch ein Drittes ist er: ein Freun-
„desbund, denn nach seinem Gesetz sollen sich
„in ihm Alle, weß Standes, welcher Religion
„und Partei sie immer sein mögen, als Brüder
„und Menschen in einander einleben. Durch
„dieses Alles ist dein Verein eben das, was der
„deutschen Nation so lange Noth gethan: der
„erste Anfang einer Volkserziehungsanstalt.
„Darum meine Liebe zu ihm!

„So gilt ihm als Lehranstalt das Erbgut
„der Einsicht, und ihm als Bildungsanstalt das
„der Sittlichkeit und ihm als Freundesbund
„das der Menschenliebe.

„Wie aber jene drei Seiten Ein Ganzes,
„eben deinen Verein bilden, so machen auch
„diese drei Erbgüter, jedes mit seinem eigen-
„thümlichen Inhalt aber mit seinem gleich ho-
„hen Werthe, Ein unauflösliches Ganze aus.
„Ihr könnt nicht das eine annehmen und das
„andere ausschlagen, sondern nur Alles aus-

„schlagen oder Alles annehmen. Doch habe ich „die Einsicht voran genannt, weil sie die Grund„lage alles menschlichen Gedeihens bildet: denn „aus der richtigen Erkenntniß folgt das rechte „Handeln, aus der Verbreitung der Kenntnisse „folgt die Veredelung der Massen. Darum, „wenn man euch fragen wird, was dem Volke „vor Allem Noth thue, so antwortet: Erstens: „Einsicht! Zweitens: Einsicht! Drittens: „Einsicht!“

Hier hielt der Greis inne, länger, als er je gethan. Plötzlich zogen flammende Blitze über sein Antlitz, kerzengerade richtete er den Oberleib auf, seine Augen strahlten schöner wie je, gleich eines von seeligster Hoffnung Trunkenen, vorwärts in lachende Zukunft schienen sie zu schauen. Dann, halb zurücksinkend, hub er wieder an zu sprechen:

„Neben dieser reichen Erbschaft gebe ich nun „noch meinem theuern Erben, dem Verein, zum „Vorvermächtniß einen mir gar werthen Schatz, „den ich lange an meinem Busen getragen; ver„nimm es wohl und verkünde es deutlich. Die„ser Schatz ist die Lehrlingsschule, durch

„deren Einrichtung es dem Verein gelingen „wird, den ersten jungen Knospen des Arbei- „terstandes die Pflege zu geben, durch welche „sie zu schönen und tausendfältig fruchtbaren „Zweigen am Baume der Menschheit empor „wachsen mögen. Dies edle Vorvermächtniß mei- „nem Erben zu leisten, lege ich sämmtlichen Ver- „mächtnißnehmern auf. Sie alle sollen zu ih- „rem Theile dazu beitragen, namentlich die Mei- „ster dadurch: daß sie ihren Lehrlingen den Be- „such dieser Schule gestatten; die Gesellen: daß „sie, was diese Schule nur angeregt haben wird, „in der Werkstatt durch Gespräch und Beispiel „weiter führen; die Mütter und Jungfrauen: „daß sie ihre Söhne und Brüder zu treufleißi- „gem Besuch der Schule anmahnen; die Lehrer: „daß sie einen Theil ihrer Kraft und Zeit, und „mit Eifer, auch dieser Schule zuwenden. So „wird auch dieses Werk, wie so manches an- „dere, euch wohl gelingen!“

Als er dies gesagt hatte, sank er zusam- men, hin auf sein Blumenlager. Nach einer Weile versuchte er sich nochmals mit aller Kraft aufzurichten, noch einmal bebten die Lippen auf mit den Worten:

„Das aber wisse: Alles, was ich euch ver„macht habe, das sind keine von außen an euch „kommende Gaben — es liegt Alles — Alles in „euch, ihr braucht's nur zu entwickeln. Dies „ist mein letztes, aber mein schwerstes Wort, „hierin — liegt die — Lösung — aller — „eurer —"

In diesem Augenblick hörte ich vom Markte her die Kirchthurmsglocke langsam und feierlich Zwölf schlagen, und mit dem letzten Schlage wurde die bisher nur unruhige Straße zu einem lauten Jubel. Hier schallte es: „Glück „auf zum neuen Jahr!" dort ertönte ein Gesang, hier zog ein ganzer Trupp lärmend, von einem Zitherschläger geführt, den Markt hinunter. Wahrlich! in unserm nüchtern-kalten norddeutschen Leben ist die kalte Sylvesternacht der einzige Augenblick des Jahres, wo das Volk in hohem dichterischem Muthe aufglüht. Und wie ich das Auge wieder hinrichte nach dem wunderbaren Greise — wie groß war mein Erstaunen, an seiner Stelle ein wunderliebliches, holdes, eben geborenes Kind mit muntern Augen, frischen Wangen, lächelnden Grübchen auf den Blumen zu sehen, spielend mit ihnen. — Dasselbe Blumenlager war der Sarg des Greises und die Wiege des Neugeborenen.

Von allen diesen wundersamen Ereignissen Einer Stunde ergriffen, sank ich nachdenkend über das Gehörte und Erlebte auf das Sopha zurück; und Augenblicks umfing mich der Schlaf wieder, und wieder umgaukelten mich Träume mir wiederholend, was ich erlebt, und mir darstellend, was ich, dem Vernommenen gemäß, im Laufe des neuen Jahres erleben sollte. Da vernahm ich aus der Ferne sanfte Töne eines vielstimmigen Gesanges, Töne, die mehr und mehr anschwellten und immer näher zu kommen schienen, wie von wandelnden Sängern, so daß ich aufsprang, horchend: — Ist das der Gesang, womit die Menschheit das Geburtsfest des neugebornen Jahres feiert? Oder ist es der Todtengesang des dahin geschiedenen? — Wie? ist es denn noch Traum, oder ist es Wirklichkeit? — Und wie ich lausche, lausche, schlägt es vier Uhr, und wie ich wieder lausche, wird mir endlich gewiß, daß ich wache, und ein neuer Gesang hebt an, und ich trete an's Fenster. Was sehe ich? Sind sie es wirklich? Ja sie sind's, meine geliebten jungen Freunde vom Verein, meine geisterzeugten Söhne und Brüder; so eben sind sie aus der Vereinshalle vom Feste der Sylvesternacht den weiten Weg gekommen, mir den Neujahrsgruß so liebevoll wie sinnig darzubringen. O, eure Bruderliebe macht das Auge feucht, stumm den Mund. Ja! jetzt weiß ich gewiß, daß ich wache. Und so ist der Traum von der Zukunft des Vereins in die Wirklichkeit des Vereins übergegangen. — Bedeutungsvolles Vorzeichen an diesem Neujahrsmorgen, ich nehme dich an!

Um aber den edeln Freunden den gebührenden und wohl verdienten Dank abzustatten für so schönen Gruß, habe ich mich alsbald angestrengt, das zurückzurufen und festzuhalten, was der Greis dieser Nacht mir verkündet, zunächst aber die Denkverse aufzuzeichnen, die er gesprochen, was nicht ohne einige Müh' geschehen mochte. Und so ist es mir möglich geworden, Ihnen, meine versammelten Freunde, an diesem Neujahrsabende den letzten Willen des dahin Geschiedenen möglichst genau zu überbringen.

Jetzt aber muß ich als Rechtskundiger der geehrten Versammlung bemerken, daß jede Erbschaft und jedes Vermächtniß von den Erben und Vermächtnißnehmern ausgeschlagen werden kann und dadurch nichtig wird. Damit wir nun der Wirksamkeit des von Ihnen vernommenen letzten Willens recht bald gewiß werden, ergeht an Sie Alle, meine Verehrten, die feierliche Frage: **Nehmen Sie die Ihnen dargebotene Erbschaft mit allen ihren Vermächtnissen und Auflagen an?**

(Viele Stimmen: „Ja, ja!")

Ich habe aber nur männliche Stimmen vernommen. Wollen denn Sie, meine werthen Frauen und Jungfrauen, mit Ihren feinen und klaren Stimmchen nicht auch Ihre Erklärung abgeben?

(Viele weibliche Stimmen: „Ja, ja, ja!")

Nachschrift.

Den Freunden vom Neujahrsabende.

Nach dem Schluß der vorstehenden, aus dem Stegreif gesprochenen Rede forderte mich Herr Tischlermeister Schramm im Namen der Versammlung zum Druck des Gehörten auf. Ich sagte dies zu. Mit Hilfe einiger Freunde wurde die Rede sehr bald aus dem Gedächtniß aufgezeichnet. Aber die Feile verlangte Muße, und diese habe ich, von Berufsgeschäften überhäuft, wie Sie wissen, eine geringe. Die Arbeit war fast fertig, da kam der 24. Februar. Wie konnte ich bei dem Krachen stürzender Reiche, bei dem Brausen des Völkersturms, der uns, die Letzten, in seine Wirbel gezogen hat, die Ruhe des Gemüths finden, ohne welche die Arbeit nicht wohl vollendet werden mochte? Aber die Liebe zu Ihnen gab mir die Kraft, das Versprechen zu lösen. Dies zur Entschuldigung, daß ich's so spät gelöst habe.

Berlin, 2. Mai 1848.

Der Verfasser.

Gedruckt bei Julius Sittenfeld in Berlin.